U0112547

闽人智慧

龙岩卷

言之有理

中共福建省委宣传部
中共福建省委讲师团 编

海峡出版发行集团
福建人民出版社

目录

信念篇

主要收录有关理想、信念、立志、自强的民谚、俗语。

扫码听音

隹仔无翅飞不高，人无志气行不远

【注释】　隹仔：鸟儿。

【句意】　鸟如果没有翅膀，就没办法高飞；人如果没有志向，就走不长远。

【运用】　用于表达人要成就大事，从小便要有鸿鹄之志。

　　龙岩方言主要流行于龙岩市新罗区。客家方言在福建省龙岩市主要流行于永定区、上杭县、武平县、长汀县、连城县等地。

龙岩方言

人凭志气虎凭威

扫码听音

【注释】　凭：凭借，倚仗。

【句意】　人凭借的是志气，虎倚仗的是威风。

【运用】　用于表达人立足于社会靠的是志气，就好比虎在森林中称雄靠的是一身威风。

龙岩方言

扫码听音

要食食烧酒，
要挨挨老虎

【注释】　烧酒：烈酒。

【句意】　喝酒就要喝烈酒，打猎就要猎猛虎。

【运用】　用于表达要志存高远，敢于迎接挑战。

龙岩方言

做匏勺就要不怕滚水

扫码听音

【注释】　匏勺：用匏瓜制成的打水瓢；滚水：开水。

【句意】　既然做了打水瓢，就要不怕开水烫。

【运用】　用于表达凡事要敢作敢当。

龙岩方言

坏竹也会生好笋

【注释】　坏竹：长得丑的竹子。

【句意】　即使是丑陋的竹子，也可以长出好笋。

【运用】　常用于鼓励人们不要担心家境差、资质
　　　　　差，只要努力，一样可以有所成就。

客家方言

有志唔在年高，
冇志空活百岁

扫码听音

【注释】　唔：不；冇：没有。

【句意】　即使年纪大了，只要有志向，也能有所成就，而没有志向的人即使活到百岁也是碌碌无为。

【运用】　用于表达一个人不论年纪大小，都要有志气。

客家方言

扫码听音

天上冇云唔落雨，
人冇志气唔成事

【注释】 冇：没有；唔：不。

【句意】 天上没有乌云就不会下雨，人没有志气
就做不成事。

【运用】 用于表达就像下雨要靠云汽一样，志气
是人成就事业的原动力。

客家方言

树靠一重皮，
人争一口气

扫码听音

【注释】 一重：一层。

【句意】 大树靠树皮才能存活，人只有争气才不会被别人瞧不起。

【运用】 用于表达一个人要有志气。

客家方言

扫码听音

有志一条龙，
冇志一条虫

【注释】　志：志气；冇：没有。

【句意】　有志气的人如同龙一样与众不同，没有志气的人如同虫一样毫不起眼。

【运用】　用于表达心怀远大志向才有可能出类拔萃。

客家方言

唔怕山高，
就怕脚软

扫码听音

【注释】　唔：不。

【句意】　不怕山高，就怕脚软心虚迈不动脚步。

【运用】　用于表达人只要有雄心、毅力和无畏的精神，就没有克服不了的困难。

客家方言

扫码听音

人穷志不穷，
蛹蛇脱壳变成龙

【注释】　蛹蛇：蟒蛇。

【句意】　旧时有蟒蛇蜕皮化龙一说，用来比喻一
个人跳出了原本所处的阶层。这里指虽
然穷困，但如果有志气，就有了摆脱贫困、
成就事业的可能。

【运用】　可用于表达扶贫先扶志，有了志气就有
了摆脱贫困的希望和原动力。

立场篇

做人毋做风吹草，
东风吹来往西倒

扫码听音

【注释】　毋：不要。

【句意】　做人不要像风中的野草一样，风往哪边
　　　　　吹就往哪边倒。

【运用】　用于表达做人要立场坚定，不逢迎，不
　　　　　偏私。

主要收录有关方向、立场、站位的民谚、俗语。

扫码听音

食人饭，
讲狗话

【注释】　食：吃。

【句意】　吃人饭，说狗话。

【运用】　用于形容吃东家饭，却为西家说话，暗
　　　　　中勾结敌人，出卖己方利益。

龙岩方言

一爿手
遮毋得两爿耳腔，
一爿脚
站不敥两口船

扫码听音

【注释】 一爿手：一只手；耳腔：耳朵；敥：合，拢。

【句意】 一只手捂不住两只耳朵，一条腿无法拢住两艘船。

【运用】 用于告诫人们做事要立场坚定，不可左右摇摆。

龙岩方言

扫码听音

食鸡讲鸡话，食鸭讲鸭话

【注释】　食：吃。

【句意】　吃鸡肉时说与鸡有关的话题，吃鸭肉时
　　　　　说与鸭子有关的话题。

【运用】　用于形容立场不坚定。

龙岩方言

秀才谈书，
杀猪仔谈猪

扫码听音

【注释】　杀猪仔：杀猪匠。

【句意】　秀才谈论的是与书籍有关的话题，屠夫
　　　　　谈论的是与猪肉有关的话题。

【运用】　用于形容人的立场不同，考虑问题的角
　　　　　度也就不一样。

龙岩方言

扫码听音

凤凰不入老鸦群

【注释】　老鸦：乌鸦。

【句意】　凤凰不屑与乌鸦为伍。

【运用】　比喻高尚的人不愿与品行恶劣的人同流
　　　　　合污。

龙岩方言

剃头的毋管修脚，己家的事自家担

扫码听音

【注释】 毋管：不管；己家：自己。

【句意】 剃头的不管修脚的事，自己的事情要自己负责。

【运用】 用于表达每个人都有自己的职责定位，自己的事情自己要勇于担当。

客家方言

扫码听音

树头企得稳，
唔怕树尾摇

【注释】　企：站；唔：不。

【句意】　为人正直、做事牢靠，就不怕别人说闲话。

【运用】　用于表达立场要坚定。也可用于表达只要打好基础、做好准备，就不会害怕困难。

客家方言

头羊唔正带歪样

扫码听音

【注释】　唔：不。

【句意】　领头的羊不走正路，其他的羊就会有样学样走歪路。

【运用】　用于表达自身坐得端行得正，以上率下，才能为他人做出好榜样。

客家方言

扫码听音

走遍天下唔忘胞衣窟

【注释】　唔：不；胞衣窟：孩子出生后把胞衣埋在厨房的门后，比喻出生地。

【句意】　走遍天下都不忘记自己的出生地。

【运用】　用于表达不忘根本的情怀。

客家方言

大河有水小河满，
大锅有饭碗碗满

扫码听音

【句意】　大河里有水，小河的水才会充足；大锅里有饭，手里的碗才能有饭。

【运用】　表达整体决定部分。可用于形容集体和个体、国与家的关系，强调要先考虑集体的利益，个体的利益才有保证。

民本篇

主要收录有关民本、人本思想理念的民谚、俗语。

扫码听音

无当家毋别盐米贵，
无生囝毋别爷母难

【注释】　毋别：不懂得；无生囝：没有生养孩子；
　　　　　爷母：父母。

【句意】　不操持家务，就不知道盐米所需花销；没有生养孩子，就不懂得为人父母的难处。

【运用】　可用于表达为政者要体察民情。

龙岩方言

来客要有网，
隹仔要有岫，
做人刻无用，
也要有厝住

扫码听音

【注释】　来客：蜘蛛；隹仔：鸟儿；岫：鸟巢；
　　　　　刻：再（表语气加强）；厝：房子。

【句意】　蜘蛛有网，鸟儿有巢，一个人能力再低，
　　　　　也要有安身立命的住所。

【运用】　居者有其屋是人们最基本的愿望。

龙岩方言

听人讲，
中人教，
做事才会做四正

【注释】 中：愿意接受；教：教诲；四正：方正，端正，引申为正确。

【句意】 愿意耐心听别人说话，愿意接受别人的教诲，就不至于做错事。

【运用】 可用于表达为政者倾听民言，了解民意，才能造福一方。

龙岩方言

食水要想水源头

扫码听音

【注释】　食水：喝水。

【句意】　饮水要思源。

【运用】　用于表达一切事业的成功都与百姓的力
　　　　　量分不开。

龙岩方言

龙头一屈,
龙尾行到无脚骨

【注释】　屈:低头;脚骨:腿脚。

【句意】　舞龙的时候,抬龙头的轻轻一甩,抬龙
　　　　　尾的就跑得大汗淋漓。

【运用】　用于表达政策具有引领作用,出台之前
　　　　　应当充分研究、科学论证。

龙岩方言

食人一瓯，
帮人摒檐沟；
食人一碗，
分人做囝

扫码听音

【注释】 瓯：杯子；摒：打扫；檐沟：屋檐下的
排水沟；分人：给人，为他人；囝：孩子。

【句意】 喝别人一杯茶，就要思量着帮别人把房前
屋后的阴沟清扫干净；吃别人一碗饭，就
要思量着像孩子报答父母一样对待恩人。

【运用】 用于表达为政者要坚持全心全意为人民
服务的根本宗旨。

客家方言

扫码听音

政策对人心，
黄土变成金

【注释】　对：符合。

【句意】　政策与民意相符，能让土地创造出财富。

【运用】　用于表达如果政策考虑到老百姓的所思
　　　　　所盼，反映人民的意愿，就能够取得喜
　　　　　人成效。

客家方言

政策唔对头，冇油涮锅头

扫码听音

【注释】 唔：不；冇：没有；涮锅头：炒菜前用油润锅。

【句意】 政策不对头，会使百姓无油下锅，生活艰难。

【运用】 用于表达每项政策的出台都牵动千家万户的利益，要慎之又慎。判断政策的好坏，得看老百姓的实际反应。

客家方言

扫码听音

若要精，
人前听

【注释】　精：精通。

【句意】　如果想要能力出众，就必须多听取别人
　　　　　的有益意见。

【运用】　用于表达多听取群众的意见、汇聚群众
　　　　　良策，才能提高工作水平和能力。

食到九十九，
总是学不了

扫码听音

【注释】　学不了：学不完。

【句意】　一个人即使活了一大把年纪，也无法把知识学完。

【运用】　用于表达学无止境。

主要收录有关学习的民谚、俗语。

扫码听音

读书要认字骨

【注释】　字骨：（知识的）本质，精髓。

【句意】　学习要认真细致，穷究事理。

【运用】　用于表达做学问不能稀里糊涂、不求甚解，
而应知其然，知其所以然。

龙岩方言

补漏趁天晴，
读书趁年轻

扫码听音

【注释】　补漏：指修补漏水的屋顶。

【句意】　屋顶瓦坏了，要趁着天晴赶紧补缺补漏；
　　　　　人如果想成才，就要趁年轻抓紧学习。

【运用】　用于表达要珍惜时间，勤奋学习。

客家方言

扫码听音

吃两块豆腐就会变仙

【注释】　变仙：变成神仙。

【句意】　刚开始吃素就想成仙。

【运用】　可用于讽刺做事不求甚解，急于求成之人。

客家方言

六十六学唔足

扫码听音

【注释】　唔：不。

【句意】　一个人即使活了一大把年纪，也还有未
　　　　　学到的知识。

【运用】　用于表达学无止境。

客家方言

扫码听音

书爱苦读,
田爱深耕

【注释】　爱：这里指必须，要，应该。

【句意】　书要刻苦研读，田地要深耕细作。

【运用】　用于劝导人们精耕苦读,做事要下苦功夫。

客家方言

学习像赶路，
唔敢慢一步

扫码听音

【注释】　唔：不。

【句意】　学习像赶路一样，不敢有丝毫懈怠。

【运用】　用于表达学习要珍惜光阴、坚持不懈。

客家方言

读书肯用功，
茅屋出相公

扫码听音

【注释】　茅屋：代指穷困人家；相公：秀才。

【句意】　如果读书刻苦，必定有出人头地的一天。

【运用】　用于强调刻苦读书的重要性。

客家方言

有田唔耕禾仓空，有书唔读子孙愚

扫码听音

【注释】　唔：不。

【句意】　有田地却不耕种，就没有收成；有书却不读，子孙就会愚昧。

【运用】　用于强调勤耕苦读的重要性。

客家方言

扫码听音

细树扶正易，
大树扶正难

【注释】　细：小。

【句意】　树还小时如果长歪了尚容易扶正，大树
长歪了就很难扶正了。

【运用】　用于表达要让孩子从小养成良好习惯。

客家方言

人爱虚心，
火爱空心

扫码听音

【注释】　空心：指架空木柴，以便增大木柴与空
　　　　　气的接触面积，促进燃烧。

【句意】　人要虚心才能获得更多的知识；烧火要
　　　　　把柴火架空，火势才能更旺。

【运用】　用于强调谦虚谨慎、虚心请教的重要性。

为善篇　主要收录劝人向善的民谚、俗语。

扫码听音

宁与千人好，
莫与一人仇

【注释】　好：表示友好；仇：结仇。

【句意】　宁愿与一千个人做朋友，也不要与一个人为敌。

【运用】　用于表达不宜树敌。

龙岩方言

有爷毋别孝，
没爷孝却迟

扫码听音

【注释】 爷：这里指父母；毋别：不懂得；孝：孝顺。

【句意】 父母在世时不尽孝道，父母过世后才想
起要孝顺，却已经来不及了。

【运用】 用于表达"孝顺"二字不能只停留在嘴上，
要及时付诸行动。

龙岩方言

扫码听音

千银起厝，
万银买厝边

【注释】　起厝：盖房子；厝边：邻居。

【句意】　千两银子就能盖起房子，万两银子才能
　　　　　换来好邻居。

【运用】　用于表达邻里和善珍贵如万金。

龙岩方言

相骂无好话，
相打无好拳

扫码听音

【注释】 相骂：吵架；相打：打架。

【句意】 一旦吵起架来，双方往往会恶语相向；
一旦打起架来，双方往往会生死相搏。

【运用】 用于劝告人遇事要冷静处理，千万不要
因为意气用事而酿成大祸。

龙岩方言

扫码听音

食桐油，
吐干漆；
食鉎子，
吐秤砣

【注释】 鉎子：生铁。

【句意】 吃了桐油，吐出干漆；吃了生铁，吐出秤砣。

【运用】 用于表达做了坏事必会受到惩罚。

客家方言

让人唔算痴人，
让狗唔算懦夫

扫码听音

【注释】　唔：不。

【句意】　对人谦让不是愚蠢，对狗礼让不是懦弱。

【运用】　用于表达谦让精神是可贵的。

扫码听音

心术正唔怕人言，
脚跟正唔怕路滑

【注释】　唔：不。

【句意】　品行端正，就不怕流言蜚语；脚跟不歪不斜，走路就不怕路滑。

【运用】　用于表达为人处事要正直，不存歪念。

客家方言

一争两丑，
一让两有

扫码听音

【注释】 有：有好处。

【句意】 双方互不相让就都显得丑陋，双方互相
谦让则都能获益。

【运用】 用于强调谦让的品质对个人发展与社会
和谐的重要性。

扫码听音

歪心歪自家，
好心好大家

【注释】　歪自家：损害自家的利益。

【句意】　心怀恶意的人最终会害了自己，心善之人会让大家获益。

【运用】　用于表达一味利己终不利己，行善则所有人都能获益。

客家方言

莫笑别人老，
自家轮得到

扫码听音

【注释】　自家：自己。

【句意】　不要讥笑别人年纪大了，自己也终会变老。

【运用】　用于强调要尊老敬老。

客家方言

扫码听音

学好一世，
学坏三日

【注释】　一世：一辈子。

【句意】　一个人学好需要付出一辈子的努力，而学坏则只需要很短的时间。

【运用】　用于表达学好很难，学坏却很容易。意同"从善如登，从恶如崩"。

客家方言

不要子孙钱，
只望子孙贤

扫码听音

【注释】 贤：贤德。

【句意】 做父母的不需要孩子的钱财，只希望他们有德有才。

【运用】 用于表达在父母心中，孩子的才华与品行远比他们赚了多少钱更加重要。

辩证篇

主要收录有关实事求是、矛盾论等哲学思想的民谚、俗语。

扫码听音

山坑出冷水，
洋底出懒鬼

【注释】　洋底：山谷；懒鬼：指懒汉。

【句意】　从山坑流出来的水是冷的，山谷土壤肥沃，却总是出懒汉。

【运用】　本谚语用意侧重在后半句，可用于表达事物都有两面性，太优越的环境反而易使人失去斗志。

龙岩方言

药苦医好病，
话甜害死人

扫码听音

【注释】　医好病：把病治好。

【句意】　药虽然苦，但能把病治好，甜言蜜语却常常会造成危害。

【运用】　用于表达凡事不可被表面现象蒙蔽，要透过现象看本质。

龙岩方言

扫码听音

牙齿硬，
拼不过石头

【注释】　拼不过：比不上。

【句意】　牙齿再硬，也硬不过石头。

【运用】　比喻强中更有强中手，做人不可太张扬。
　　　　　也可形容事物的相对性，描述事物性质
　　　　　有时需要参照物。

龙岩方言

毋嫌各人井水深，
要怪自家索无长

扫码听音

【注释】　毋嫌：不要责怪，不要嫌弃；各人：别人；
　　　　　索：这里指井绳。

【句意】　（打不到井水）不要怪别人的井深，要
　　　　　怪就怪自己的井绳不够长。

【运用】　用于表达遇事要多从自身寻找原因，而
　　　　　不能一味推卸责任。

龙岩方言

扫码听音

湖蜞鸭虫一畚箕，
毋当蜈蚣虫一尾

【注释】　湖蜞：蚂蟥；鸭虫：蚯蚓；毋当：比不上；
　　　　　蜈蚣虫：蜈蚣。

【句意】　蚂蟥、蚯蚓一畚箕，也不如蜈蚣一条。

【运用】　用于表达要抓住重点、把握关键。

龙岩方言

吃得了盐鱼，
要受得了腹渴

扫码听音

【注释】　腹渴：口渴。

【句意】　选择吃咸鱼，就要耐得住口渴。

【运用】　用于表达凡事有利必有弊，提醒人在考虑有利的一方面的同时，也要考虑可能需要付出的代价。

龙岩方言

扫码听音

镤头有柄，
人人有性

【注释】　镤头：刨土用的一种农具，类似镐；性：
　　　　　个性。

【句意】　每一把镤头都有柄，每一个人都有个性。

【运用】　形容任何事物都有自己的特点。

客家方言

针冇两头尖，
蔗冇两头甜

扫码听音

【注释】　冇：没有；蔗：甘蔗。

【句意】　针不可能两端都是尖的，甘蔗头尾不可能都是甜的。

【运用】　形容事情没有十全十美，我们要理性看待和处理各种关系，并作出明智的决策和取舍。

客家方言

扫码听音

一粒老鼠屎，
坏了一镬粥

【注释】　镬：锅。

【句意】　煮好的一锅粥，发现有一粒老鼠屎，这锅粥就令人厌恶了。

【运用】　用于表达一个人因为某些问题而拖累了整个团体。一个团体的整体能力，往往由其中能力最低的个体决定。也可用于表达要时刻保持警惕，注意细节，千万不可因小失大。

客家方言

好人坏唔多，
坏人好唔多

扫码听音

【注释】　唔：不。

【句意】　品行端正的人不做坏事，道德败坏的人极少做好事。

【运用】　用于表达好人与坏人是有根本区别的。

客家方言

扫码听音

大石砌，
细石楔

【注释】　细：小。

【句意】　大的石头用来砌建筑物的主体，小的石头则用来填缝隙。

【运用】　用于形容东西无论大小，都各有用处。也可用于表达要人尽其才，物尽其用。

方略篇

千人主意，
己家思量

扫码听音

【注释】　己家：自己。

【句意】　虽然别人提出了各种各样的建议，但主意还得自己拿。

【运用】　用于表达他人的建议只能作为参考，最终还是要从自身的客观条件出发，认真考虑、判断，自己决定。

主要收录表达按客观规律办事、有技巧地办事等科学工作方法的民谚、俗语。

扫码听音

三下做，
不当一下想

【注释】　不当：比不上；想：思考。

【句意】　要想解决问题，稀里糊涂地干三次，不如静下来分析思考一次之后再付诸行动。

【运用】　用于表达方法找对了，才能事半功倍。正确的方法能使我们更好地发挥天赋和才能。

龙岩方言

爱牛拖犁，
望牛食营

扫码听音

【注释】　爱：想要；营：茅草。

【句意】　要想让牛帮忙犁田，就必须带它去吃茅草，把它养得肥壮些。

【运用】　用于比喻有付出才有回报，不能又要马儿跑又要马儿不吃草。

龙岩方言

扫码听音

十脚九爪，
做无好粿

【注释】　十脚九爪：七手八脚；做无：做不成；
　　　　　粿：米粉、面粉、薯粉等经过加工制成
　　　　　的食品。

【句意】　一群人反而做不出一个好粿来。

【运用】　用于表达职能交叉容易导致一事无成。

龙岩方言

三分种，
七分管

扫码听音

【注释】 种：播种；管：田间管理。

【句意】 三分靠播种，七分靠管理、维护。

【运用】 用于表达好的开端很重要，但凡事不可
虎头蛇尾，后期的培育和维护更加重要。

龙岩方言

月再光曝粟
也不会干

【注释】　光：明亮；曝粟：晒谷子。

【句意】　月光再亮也晒不干谷子。

【运用】　用于表达凡事要讲究方式方法，解决问题要对症下药。

龙岩方言

栽禾要浅，
种芋要深

扫码听音

【注释】　栽禾：插秧。

【句意】　插秧不可插得太深，种芋子不能种得太
　　　　　浅，否则均不利于成长。

【运用】　用于表达应具体问题具体分析，针对不
　　　　　同问题要选择各自适合的方法来解决。

龙岩方言

扫码听音

蛇跑才持棍，贼走来闩门

【注释】　走：跑。

【句意】　蛇咬伤人跑了，才拿来棍子；贼偷了东西跑了，才想起要闩门。这些行为都于事无补。

【运用】　用于表达要未雨绸缪，解决问题要预先做好计划和准备，并当机立断、雷厉风行，切不可做马后炮、事后诸葛亮。

龙岩方言

入家看人意，
出门看山势

扫码听音

【注释】　人意：主人的心情。

【句意】　到别人家要注意观察主人的脸色，出行
　　　　　则要注意观察地形和环境。

【运用】　用于比喻为人处事要注意判断形势，不
　　　　　可盲目行动。

客家方言

扫码听音

有样学样，
冇样看世上

【注释】　样：样板；冇：没有；世上：这里指大
　　　　　多数人。

【句意】　有样板就参照样板，没有样板就参照大
　　　　　多数人的做法。

【运用】　用于表达在面临从未接触过的工作时，
　　　　　要善于利用已有的经验和做法，这样可
　　　　　以避免走弯路。

客家方言

宁走十步远，
唔走一步险

扫码听音

【注释】　唔：不。

【句意】　宁愿绕远走十步，也不要冒险在危险的
　　　　　近路上走一步。

【运用】　用于表达处事要有风险意识，不可图快
　　　　　求省而冒风险走捷径。

客家方言

扫码听音

入乡随俗，
入港随湾

【句意】 人到了一个地方就要根据当地风俗处事，
船驶入港口就要依据港湾地形选择停靠的
地方。

【运用】 用于表达人要具备适应能力，要学会尊
重他人，才能更好地融入环境和社会。

客家方言

一针不补，
十针难缝

扫码听音

【句意】　衣服有细小的破损不去缝补，等到形成大的破损就难以缝补了。

【运用】　用于劝诫人们遇到小问题要及时解决，以免酿成大错。也可用于表达要防止出现"破窗效应"，防止小漏洞演变成系统性风险。

生态篇

主要收录说明保护生态和可持续发展重要性的民谚、俗语。

扫码听音

别斫柴也要别种树

【注释】　别：懂得；斫柴：砍柴。

【句意】　懂得砍柴也要懂得种树。

【运用】　用于表达不能一味向大自然索取，要懂得保护大自然，才能获得可持续发展。

龙岩方言

油茶打一山，
米粟有通担

扫码听音

【注释】 打：种植；米粟：这里泛指粮食；有通担：
有得挑。

【句意】 种上满山的油茶，收获后赚的钱可以让
你买下挑不完的粮食。

【运用】 用于表达如果把荒山都种上油茶等经济
作物，那么经济效益很快就会随之而来。
强调开垦荒山、植树造林的意义。

龙岩方言

扫码听音

羊仔饲一牢，
吃穿毋用愁

【注释】　一牢：一圈，一窝。

【句意】　养了一圈羊，大羊生小羊，吃穿就不用
　　　　　发愁了。

【运用】　用于形容可持续发展的重要性。

龙岩方言

放水容易收水难

扫码听音

【句意】 放掉一池塘水很容易，只要开个缺口就可以了；但是在旱季，要蓄一池塘水却很难。

【运用】 可用于表达破坏生态很容易，涵养生态就难了。

龙岩方言

前人种树，
后人遮凉

【句意】　前人种下的树，利于后人遮凉。

【运用】　用于表达植树造林，功在当代，利在千秋。

龙岩方言

千棕万桐，
可荫一家人

扫码听音

【注释】　棕：棕树；桐：梧桐树。

【句意】　棕树的棕须可以用来做蓑衣，梧桐子可用于榨桐油。千棵棕，万株桐，可保一家人衣食无忧。

【运用】　用于表达保护生态，实现可持续发展，人们便可获取源源不断的收益。

客家方言

山头光荡荡，
年年遭灾殃

【注释】　光荡荡：光秃秃。

【句意】　如果山上一棵草木都没有，就会经常遭
受自然灾害。

【运用】　用于强调森林防止水土流失的作用和保
护生态的重要性。

客家方言

树木成林，
雨水均匀

扫码听音

【句意】　一个地方森林茂密，一年四季都不会遭受旱灾或涝灾。

【运用】　用于表达森林对调节气候的重要作用。

客家方言

扫码听音

千松万杉，
唔愁食着

【注释】　唔：不；食着：吃穿。

【句意】　一个家庭多种植松树和杉树，就不愁吃
穿了。

【运用】　用于强调林业的经济价值：种树也能增
加家庭收入。

客家方言

冇树是荒山，
有树是宝山

扫码听音

【注释】　冇：没有。

【句意】　没有树木的山是荒凉的山，有树木的山是能创造财富的山。

【运用】　用于强调保护生态的重要性。

客家方言

扫码听音

莫贪当年竹，
爱求来年笋

【句意】　砍伐竹子时不能把当年的新竹砍掉，这样才能保证来年的出笋量。

【运用】　用于表达要有可持续发展的意识，对待自然生态资源不可杀鸡取卵。

客家方言

山上多种树，等于修水库

扫码听音

【句意】　在山上多种树，相当于兴修水库。

【运用】　用于表达林木对于涵养水源的重要作用。

客家方言

山上树木光，山下踏泥浆

【句意】 如果山上没有树木，山下就会洪水横流，路面到处是泥浆。

【运用】 用于强调保护生态的重要性。

客家方言

三月造林满山青，造林三年溪水清

扫码听音

【句意】 每年三月种树，满山林木长势良好，若干年以后溪流的水就会变得清澈。

【运用】 用于说明植树的最佳时间以及林木对水土保持的重要作用。

笃行篇

主要收录表达真抓实干重要性的民谚、俗语。

扫码听音

做事做够头，
割鸡割够喉

【注释】　够：到；割鸡：杀鸡。

【句意】　做事要彻底，就好比杀鸡，如果没有一刀封喉，就会导致遍地狼藉。

【运用】　用于表达做事情要有始有终，不拖泥带水。

龙岩方言

头做够尾，
无糍也有粿，
再无，
也有一泡灯仔火

扫码听音

【注释】　糍：糍粑；一泡：一盏。

【句意】　做事情有头有尾，那么没有收获糍粑也会收获粿，再不济也至少能收获一盏灯火（能积累一点经验），总之一定会见成效。

【运用】　用于表达做事不可半途而废，不可一遇到挫折就气馁放弃。坚持到底，总有收获。

龙岩方言

扫码听音

一笔画不成一尾龙，
一镬头掘不出一口井

【注释】　镬头：刨土用的一种农具，类似镐。

【句意】　一笔画不成一条龙，一镬头挖不出一口井。

【运用】　用于表达成功不是一蹴而就的，而是要经历磨炼的。

龙岩方言

靠兄靠妹，
不如靠己家手掌手背

扫码听音

【注释】　己家：自己。

【句意】　依赖自己的兄弟姐妹，不如靠自己勤劳
　　　　　的双手。

【运用】　用于表达成就事业不能等、靠、要，要
　　　　　依靠自己的努力与奋斗。

龙岩方言

扫码听音

毋吓人无用，只吓毋劳动

【注释】　毋：不；　吓：害怕，担忧；无用：没有才华。

【句意】　不怕一个人没有才华，只怕他不肯劳动。

【运用】　用于表达天赋不够不要紧，就怕不肯努力奋斗。

龙岩方言

吓担千斤担，
底兜来的粗脚腿

扫码听音

【注释】　吓：害怕，不敢；底兜：哪里。

【句意】　不敢挑千斤重担，哪能锻炼出粗壮结实的双腿？

【运用】　用于表达只有经历千锤百炼，才能锻炼出刚强的意志和超群的才干。

龙岩方言

扫码听音

爱得富，
天蒙雾；
爱得穷，
日头雄

【注释】　爱得：想要；蒙雾：天色将明未明；日头雄：太阳已经升得很高。

【句意】　想要致富，天色未明就要起床劳动；想要贫穷，则只管睡到日上三竿。

【运用】　用于鼓励人努力奋斗。时不我待，行动宜早不宜迟。

龙岩方言

三早当一工

扫码听音

【注释】 一工：一天的收获。

【句意】 连续三天出早工，这三天额外积累下来的劳动成果，可以抵得上一整天的收获。

【运用】 用于表达争分夺秒可以积少成多，量的积累最终会产生质的变化。

龙岩方言

没磨唔利的斧头，没破唔开的柴

【注释】　唔：不。

【句意】　没有磨不利的斧子，没有破不开的柴。

【运用】　用于表达只要有恒心、有毅力，就没有办不成的事，没有克服不了的困难。

客家方言

想捡宝，
穷到老

扫码听音

【句意】　想靠捡拾宝物脱贫的人，一生都会穷困
潦倒。

【运用】　用于表达幻想不劳而获必然穷困一生。

扫码听音

客家方言

一日搬一个石头，三年起座楼

【注释】　起：修建。

【句意】　每天搬一块石头，用不了多久就能建一座楼。

【运用】　用于形容坚持不懈、积少成多的重要性。意同"不积跬步，无以至千里；不积小流，无以成江海"。

客家方言

耳听千遍，
唔当手过一遍

扫码听音

【注释】　唔当：不如。

【句意】　耳朵听得再多，不如亲手做一遍。

【运用】　用于表达亲力亲为、躬身实践的重要性。别人教授的知识，只有通过自己的实践活动，才能真正领悟，做到知行合一。

客家方言

扫码听音

饭爱一口一口食，
路爱一步一步行

【注释】　爱：这里指必须，要，应该。

【句意】　饭要一口一口吃才有滋味，路要一步一步走才能到达目的地。

【运用】　用于表达凡事都要尊重客观规律，循序渐进、脚踏实地地做。

做贼瞒不过乡里，偷吃瞒不过牙齿

扫码听音

【句意】　做贼瞒不过自己乡里人，偷吃瞒不过自己的牙齿。

【运用】　用于表达不要心存侥幸。天网恢恢，总是疏而不漏。意同"若要人不知，除非己莫为"。

主要收录表达廉洁从政重要性的民谚、俗语。

扫码听音

毋吓法律无情讲，只吓己家毋清气

【注释】 毋吓：不怕；己家：自己；清气：干净。

【句意】 不怕法律无情，只怕自己手脚不干净。

【运用】 用于表达法律是公平公正的，不要以身试法。

龙岩方言

有命趁钱，
要有命来使

扫码听音

【注释】　趁钱：赚钱；使：花（钱）。

【句意】　有命赚钱，也要有命花钱。

【运用】　用于表达赚的钱来路要正。贪污受贿必然会受到法律的制裁。

龙岩方言

扫码听音

毋做缺德事，才有好囝孙

【注释】　毋做：不做；囝孙：儿孙。

【句意】　不做缺德事，才有好儿孙。

【运用】　用于表达只有自身品德良好，才能教育好儿孙。

客家方言

臭肉诱乌蝇

扫码听音

【注释】　　乌蝇：苍蝇。

【句意】　　腐烂的肉能把苍蝇引诱过来。

【运用】　　一个人作风不正，自然会招来坏人。可用于表达不正之风是滑向腐败的开始。

客家方言

扫码听音

枉来个田地水推沙

【注释】 枉来：平白得来，非正常手段得来。

【句意】 通过不合法的手段得来的田地没有根基，
如同水推沙一般不能长久。

【运用】 用于表达不义之财不可碰，否则总有一
天会受到法律的制裁。

客家方言

平生唔做亏心事，
半夜吵门也唔惊

扫码听音

【注释】　唔：不。

【句意】　平生不做违背良心的事，半夜即使有人
敲门也不会受到惊吓。

【运用】　用于表达人只有不做坏事，才能保持内
心的安宁平静。

客家方言

扫码听音

食人的嘴软，
拿人的手短

【注释】　食人：吃别人的东西。

【句意】　吃了人家的东西，就很难开口说人家的
不是；拿了人家的东西，就很难不手下
留情。

【运用】　用于表达不能拿别人的好处，否则会影
响公正办事。

客家方言

唔怕人唔敬，
就怕己唔正

扫码听音

【注释】　唔：不。

【句意】　不怕别人不尊敬，就怕自己心术不正行事不公。

【运用】　用于强调为人要公道正派，才能受到他人的敬重。

后　记

　　谚语是广大人民群众在漫长的生产生活中不断总结和凝炼的语言。其俗在于"通"，因为由经验而来，说的是身边事物，借喻来自日常，所以有情趣、通人情，因而更能让人会心；其雅在于"理"，因为要表达更加普遍的意义和推广更加核心的价值，所以借以传道、论道、说道，因而引人入胜，发人深省。人民群众就是这样在日常交谈、交往中传递着对真、善、美的理解与追求。中华文化精神和社会核心价值观就是依托这样的载体，为人民群众日用不绝，甚至不觉。

　　福建地处我国东南，在长期的历史演进中，区域文化形成的生活经验、风土人情、习俗观念等大量信息作为文化基因沉淀在方言谚语、俗语之中。这些看似零碎、朴实，实则洗练、深刻的民谚俗语，凝结着闽人在千百年来形成的经验知识、社会规矩、人生启示、朴素思辨，携带着恒久的群体记忆和广泛的思想认同，承载着悠久而璀璨的"闽人智慧"。在用来析事明理时，运用一两句经典民谚俗语，往往能够起到迅速引发共鸣、令人心领神会的效果。

　　福建省委宣传部、省委讲师团组织编写的"闽人智慧：言之有理"丛书，将那些闪耀哲理光芒、富有理论魅力、契合新时代精神的民谚俗语收集、提取出来，并进行融媒体加工，通过深入的调查研究，去粗存精、好中选优，让它们世世代代传承下去。

考虑到福建方言具有多中心的特点，丛书以全省九个设区市及平潭综合实验区作为方言代表点，编写十本分册，每本分册对当地主要方言谚语都有收集。册内篇章分信念、立场、民本、劝学、为善、辩证、方略、生态、笃行、廉洁十个篇目，便于读者使用。

著名方言专家、福建师范大学文学院原教授、博士生导师陈泽平担任丛书的策划、审订工作。在全省各地党委宣传部门、党委讲师团和各地方言专家、学者的协同努力下，编委会选定了近千条具有浓厚方言特色和时代意义的民谚条目，并进行篇目分类，组织编写注释、句意和运用。遗憾的是，陈泽平教授在完成书稿审订工作后不久因病辞世。

我们还邀请各地方言专家为所有方言条目录制慢速和正常语速两种音频，在书中每个方言条目边上配二维码，使之更加便于读者的学习使用。由于各地方言的特殊性，能读懂、读清楚这些方言的专家年纪都不小，有的专家虽然行动不便，仍坚持在录音棚里一遍遍地录音，直到录得满意的音频。书稿编辑完成后，著名语言学家、厦门大学中国语言文学系教授、博士生导师、福建省语言学会原会长李如龙和著名文史学家、福建省文史研究馆原馆长卢美松分别从方言学角度和文史学、社会学等角度对丛书给予充分肯定并向广大读者推荐本丛书。在此，我们向以上专家对本书作出的贡献表示诚挚的感谢，对作出重要贡献却未能见到本丛书面世的陈泽平教授表示深切缅怀。

相信本丛书的出版对于广大读者从方言谚语中了解当地习俗典故、传承优秀传统文化、习得"闽人智慧"和增强文化自信，都具有现实意义。

由于福建方言繁复而庞杂，即使在同一方言区里，不同县市、乡镇的方言也各有差异，囿于篇幅，书中存在的不足和疏漏之处，敬请大家批评指正。

本书编委会

2023 年 12 月

鸣　谢

　　"闽人智慧：言之有理"丛书在编写过程中得到了各设区市党委宣传部、讲师团和平潭综合实验区党工委宣传与影视发展部的大力支持！参与本丛书编写、修改或音频录制工作的人员名单如下：

福州卷

陈日官　张启强　高迎霞　张　武　黄　晓
蔡国妹　陈则东　唐若石　许博昕　林　静

厦门卷

周长楫　刘宏宇　江　鹏　张　琰　柯雯琼

漳州卷

黄瑞土　王叶青　郭外青　蔡榕泓

泉州卷

郭丹红　郭焕昆　蔡俊彬　林达榜　吴明兴
熊小敏　王建设　蔡湘江　朱媞媞

三明卷

肖永贵　邓衍淼　邓享璋　肖平军　夏　敏
邓丽丽　陈　卓　邱泽忠　陈　丹　林生钟

莆田卷

苏志军　刘福铸　林慧轻　林　杰　林盈彬
黄　键

南平卷

肖红兵　黎　玲　黄新阳　吴传剑　黄秀权

程　玲　徐　敏　黄丽娟　祝　熹　杨家茂

林培娜　徐跃红　徐文亮　吴雪灏　陈灼英

施　洁　谢元清　郑丽娜　姜　立　谢梦婷

龙岩卷

陈汉强　杨培武　陈大富　苏志强　谢绍添

宁德卷

王春福　吴海东　罗承晋　林毓秀　林毓华

钟神滔　吴德育　陈玉新　刘文杰

平潭卷

詹立新　李积安　林贤雄　林祥鹭

特此致谢！

本书编委会

2023 年 12 月

图书在版编目（CIP）数据

闽人智慧：言之有理.龙岩卷 / 中共福建省委宣传部，中共福建省委讲师团编 . --福州：福建人民出版社，2023.12

ISBN 978-7-211-08862-1

Ⅰ.①闽⋯　Ⅱ.①中⋯　②中⋯　Ⅲ.①汉语方言—俗语—汇编—龙岩　Ⅳ.①H17

中国版本图书馆 CIP 数据核字（2022）第 051798 号

闽人智慧：言之有理（10 册）
MINREN ZHIHUI：YANZHI YOULI

作　　者：中共福建省委宣传部　中共福建省委讲师团
责任编辑：周跃进　李雯婷　孙　颖
美术编辑：白　玫
责任校对：林乔楠
出版发行：福建人民出版社　　　　电　　话：0591-87533169（发行部）
地　　址：福州市东水路 76 号　　　邮　　编：350001
网　　址：http：//www.fjpph.com　电子邮箱：fjpph7211@126.com
经　　销：福建新华发行（集团）有限责任公司
装帧设计：雅昌（深圳）设计中心　冼玉梅
印　　刷：雅昌文化（集团）有限公司
地　　址：深圳市南山区深云路 19 号
电　　话：0755-86083235
开　　本：889 毫米×1194 毫米　　1/32
印　　张：37.25
字　　数：255 千字
版　　次：2023 年 12 月第 1 版　　　2023 年 12 月第 1 次印刷
书　　号：ISBN 978-7-211-08862-1
定　　价：268.00 元（全 10 册）